BEI GRIN MACHT SICH IH
WISSEN BEZAHLT

- Wir veröffentlichen Ihre Hausarbeit,
  Bachelor- und Masterarbeit

- Ihr eigenes eBook und Buch -
  weltweit in allen wichtigen Shops

- Verdienen Sie an jedem Verkauf

Jetzt bei www.GRIN.com hochladen
und kostenlos publizieren

Kürsad Kesici

Portal- und Collaborationstrategie mit Praxisbeispiel

Entwicklung, Einführung und Management eines rollenbasierten Unternehmensportals

GRIN Verlag

Bibliografische Information der Deutschen Nationalbibliothek:

Die Deutsche Bibliothek verzeichnet diese Publikation in der Deutschen National-
bibliografie; detaillierte bibliografische Daten sind im Internet über http://dnb.d-
nb.de/ abrufbar.

Dieses Werk sowie alle darin enthaltenen einzelnen Beiträge und Abbildungen
sind urheberrechtlich geschützt. Jede Verwertung, die nicht ausdrücklich vom
Urheberrechtsschutz zugelassen ist, bedarf der vorherigen Zustimmung des Verla-
ges. Das gilt insbesondere für Vervielfältigungen, Bearbeitungen, Übersetzungen,
Mikroverfilmungen, Auswertungen durch Datenbanken und für die Einspeicherung
und Verarbeitung in elektronische Systeme. Alle Rechte, auch die des auszugsweisen
Nachdrucks, der fotomechanischen Wiedergabe (einschließlich Mikrokopie) sowie
der Auswertung durch Datenbanken oder ähnliche Einrichtungen, vorbehalten.

Impressum:

Copyright © 2009 GRIN Verlag GmbH
Druck und Bindung: Books on Demand GmbH, Norderstedt Germany
ISBN: 978-3-656-16682-5

Dieses Buch bei GRIN:

http://www.grin.com/de/e-book/191516/portal-und-collaborationstrategie-mit-
praxisbeispiel

GRIN - Your knowledge has value

Der GRIN Verlag publiziert seit 1998 wissenschaftliche Arbeiten von Studenten, Hochschullehrern und anderen Akademikern als eBook und gedrucktes Buch. Die Verlagswebsite www.grin.com ist die ideale Plattform zur Veröffentlichung von Hausarbeiten, Abschlussarbeiten, wissenschaftlichen Aufsätzen, Dissertationen und Fachbüchern.

Besuchen Sie uns im Internet:

http://www.grin.com/

http://www.facebook.com/grincom

http://www.twitter.com/grin_com

Portal- und Collaborationstrategie
Praxisbeispiel: Entwicklung, Einführung und
Management eines Rollenbasierten
Unternehmensportals

Portal- und Collaborationstrategie

Praxisbeispiel: Entwicklung, Einführung und

Management eines Rollenbasierten

Unternehmensportals

Fach:	IT im Unternehmen
Institution:	Fachhochschule Vorarlberg
Eingereicht bei:	
Verfasser:	Kürsad Kesici
Eingereicht am:	15.06.2009

Inhaltsverzeichnis

Darstellungsverzeichnis

Vorwort

Das vorliegende Thema meiner Semesterarbeit habe ich gewählt, da Portale im Web2.0 Zeitalter allgegenwärtig sind und ohne diese das sinnvolle Nutzen des Internets und der virtuellen Zusammenarbeit kaum denkbar wären. Noch vor ein paar Jahren, als für meinen Begriff die ersten Portale wie Youtube, Facebook, Xing und viele andere Communities entstanden, war der Mehrwert den diese Portale für Unternehmen bringen konnten unerheblich. Als dann das erste Collaborationsportal in meinem Unternehmen startete wurde mir erst bewusst, welches Potential solche Lösungen bringen können. Bei meinen ersten Anfragen bei unserer IT-Abteilung wurde mir klar wie schwer es in einem Unternehmen mit vielen Interessen, Führungsebenen und Barrieren ist solch eine Softwarelösung umzusetzen. In meiner Semesterarbeit habe ich versucht die Grundlagen von Portalen und das meiner Meinung nach wichtigste, die Generierung der richtigen Strategie für eine Portallösung. Als Fallbeispiel wählte ich das Unternehmensportal der ZF Friedrichshafen AG.

1. Grundlagen

1.1. Begriffsabgrenzung

Ein Portal ist eine vernetzte, elektronische Plattform, welche ortsunabhängig einen zentralen Zugang zu Ressourcen aus verschiedenen Quellen ermöglicht. Ein Portal bietet somit einen Überblick über die im jeweiligen Netzwerk verfügbaren Informationen und erlaubt den direkten Zugriff auf dieselben.(vgl. Rütschlin 2001) Der anzutreffende Service reicht je nach Einsatzfall von jedermann zugänglichen Internet-Portalen mit einem breiten Informationsangebot bis hin zu geschlossenen firmeninternen Plattformen, welche verschiedene Kommunikationskanäle, die synchrone und asynchrone Kommunikation erlauben, E-Collaboration-Umgebungen, welche elektronisch unterstützt, gemeinsames, verteiltes Arbeiten ermöglichen, Controlling Instrumente und weitere Funktionalitäten, die für die tägliche Abwicklung von geschäftsrelevanten Vorgängen benötigt werden, bereitstellen. Ein wesentliches Merkmal für Portal-Anwendungen stellt eine Personalisierungsfunktion dar, über welche z.B.Rechte und Profile der Nutzer verwaltet werden.(vgl. Bauer 2001) Unternehmen nutzen vielfältige Portale zur überbetrieblichen Zusammenarbeit (Kollaboration) mit Lieferanten, Kunden und Mitarbeitern. (Vgl. Röhricht/Schlögel 2001, 179). Die wesentlichen Potentiale liegen in einer verbesserten Kundenbindung, verbesserter Prozesseffizienz und einer Kostenreduktion durch die integrierte Verfügbarkeit von Informationen (vgl. Gillet 2001,6).

Collaboration Portale können als Webbasierte, personalisierbare und integrierte Zugangssysteme zu Content, Applikationen und Services für einen bestimmten Anwendungszweck verstanden werden. Portale, die der ganzheitlichen Unterstützung von Kundenprozessen diesen, werden auch Kundenprozessportale genannt. (vgl. Österle 2002,23)

1.1.1 Ausprägung von Portalen

Portale eröffnen den Zugang zu „Themenwelten". Sie realisieren die Vernetzung von zusammengehörigen, themenspezifischen Informationen und die Zusammenfassung von Verknüpfungen zu solchen Informationen auf der Benutzerebene (Context). Der Benutzer erhält eine unmittelbare Übersicht über die vorhandenen Informationen und kann bei Interesse die vollständige Information anfordern(Content). Um geschäftliche Transaktionen (Commerce) durchzuführen, werden den Kunden und Partnern entweder individualisierte Informationen und relevante Funktionen angeboten oder sie können in Interessengemeinschaften, so genannten Communities, eingebunden werden.

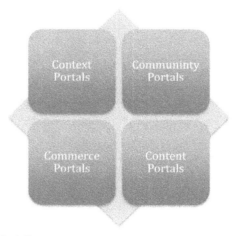

Abbildung 1: Matrix der 4 C's
Quelle: Eigene Ausarbeitung in Anlehnung an

1.1.2 Context

Context beschreibt die elementarste Eigenschaft eines Portals, die Vernetzung von zusammengehörigen, themenspezifischen Informationen und die Zusammenfassung von Verknüpfungen auf solche Informationen auf der Benutzerschnittstelle. Die Verwirklichung des Context kann aus Suchmaschinen sowie weiteren Navigationselementen bestehen; dabei wird der Fokus stets auf einen schnellen und direkten Zugriff auf die Inhalte gelegt. (vgl. Illik,2002, S96f)

1.1.3 Content

Content beschreibt zum einen Informationen, die direkt auf der Benutzerschnittstelle des Portals präsentiert werden, zum anderen Informationen, die über das Portal zugänglich sind. Um den Anspruch von Portalen zu genügen, auf ein sehr breites Spektrum an Informationen einen schnellen Zugriff zu bieten, können bei der ersten Art nur Kurzinformationen aufgeführt werden. Das Dilemma aus dem Bedarf nach unmittelbarem Zugriff auf vollständige Informationen und der durch die Quantität an verschiedenen Informationen erzwungenen Verkürzungen einzelner Informationen auf der Benutzerschnittstelle kann durch die Generierung von Abstracts mit den zugehörigen Verknüpfungen gelöst werden. So erhält der Benutzer eine unmittelbare Übersicht über die Informationen und kann bei Interesse die vollständige Information anfordern. (vgl. Illik,2002, S96f)

1.1.4 Commerce

Im Sinne von E-Commerce können Portale eingesetzt werden, um geschäftliche Transaktionen durchzuführen. Für Kunden und Partner kann dabei zielgruppenspezifisch ein AddedValue geschaffen werden, indem ihnen individualisierte Informationen angeboten werden oder sie in Interessengemeinschaften, sogenannte Communities eingebunden werden.

1.1.5 Community

Virtual Communities, auch kurz Communities genannt, können durch die Ausrichtung von Portalen auf spezifische Informationsbereiche geschaffen werden. Dabei wird diesen Interessengemeinschaften neben den auf sie zugeschnittenen Informationen die Möglichkeit geboten, sich gegenseitig zu kontaktieren und auszutauschen. Die übliche Kommunikation zwischen dem Benutzer und dem Portal als Benutzerschnittstelle wird dabei also um die Kommunikation zwischen den verschiedenen Benutzern selbst erweitert. Im Idealfall entwickeln die Benutzer durch die Primärbindung untereinander eine hohe Sekundärbindung an das Portal. (vgl. Illik,2002, S96f)

1.2. Das Rollenmodell

Das Rollenmodell ordnet den Aufgabenträgern konkrete Aktivitäten zu. Dabei wird eine Rolle von einer Geschäftseinheit oder einem einzelnen Mitarbeiter wahrgenommen. Rollen sind mit Aufgaben, Kompetenzen und Verantwortung verbunden. Das Rollenmodell unterscheidet zum einen die Rollen der involvierten Mitarbeiter, nämlich Entscheider, Verantwortlicher und Unterstützer. Zum anderen unterscheidet es die Rollen der Kooperationspartner, die bei überbetrieblichen Kooperationsprojekten mit einzubeziehen sind. Die Rollendifferenzierung nach Kooperationspartnern lässt sich auf das Gesamtvorgehen der Methode anwenden, während das Rollenmodell auf Mitarbeiterebene spezifisch für die Ausführung der einzelnen Techniken ist (vgl. T.Puschmann 2004)

1.2.1 Personalisierung und Benutzerverwaltung

Im Rahmen der Personalisierung werden, abhängig vom Nutzer und dessen Nutzungsprozesss, spezifische Sichten auf den Dokumentenbestand gebildet und die relevanten Inhalte über die Portalseiten verteilt. Hierbei betrifft die Personalisierung nicht nur die verschiedenen Benutzergruppen sondern auch den verwendeten Zugriffskanal. Die Informationen müssen für Handy, PDA[1] oder Webseiten in jeweils unterschiedlicher Strukturierung bereitgestellt werden. Im Extremfall muss für jeden Benutzer eine individualisierte Navigationsstruktur bereitgestellt werden. (vgl. Oliver Christ,2003)

---

[1] Personal Digital Assistent

1.3. Das Metamodell

Metamodelle treffen Aussagen über die Darstellung der Abbildung der Realität; sie legen einen Rahmen fest, der die Verwendung der gewählten Sprache regelt. Zum Beispiel ist das Metamodell unserer Sprache die Beschreibung der Grammatik und die Definition der Bedeutung der Wörter (Grasl/Rohr 2004 S.328)

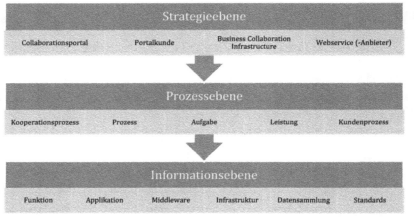

Abbildung 2: Entitätstypen des Metamodells
Quelle:Eigene Ausarbeitung in Anlehnung an Kongessvortrag T.Möllers 2008

1.4. Marktübersicht

Der Markt für kommerzielle Portalsoftware wird durch Microsoft, IBM, SAP und Oracle angeführt. Microsoft ist mit SPS 2003 Sharepoint Server erfolgreich am Markt für größere Unternehmen. IBM ist mit seinem Produkt WebSphere Portal in Verbindung mit Lotus, Tivolli und DB2 am Markt. SAP ist mit seinem Produkt Netweaver vor allem in Unternehmen mit SAP-Software stark vertreten. In Übersee ist Oracle mit dem Produkt OraclePortal erfolgreich am Markt. (vgl. Gartner,2006)

Abbildung 3: Entitätstypen des Metamodells
Quelle: Gartner 2006

1.5. Erfolgsfaktoren und Hemmnisse

Für die Durchführung von Portalprojekten ist es relevant, die Erfolgsfaktoren und die Hemmnisse für die Einführung eines Portals zu kennen. Hierfür muss die Vision und die Kultur des Unternehmens und sämtliche Prozessschnittstellen ermittelt werden. Portalprojekte erfordern die Zusammenarbeit verschiedener Fachabteilungen und der IT-Abteilung. Sie tangieren die Geschäftsprozesse des Unternehmens und verändern diese gegebenenfalls. Bei der Führungsebene eines Unternehmens wecken diese eine bemerkenswerte Erwartungshaltung und erzeugen so einen hohen Erwartungsdruck an die Projektteams welche viel verschiedene fachliche und technische Themengebiete abdecken müssen. (vgl. Großmann,2005)

2. Portalstrategie

Allgemein bezeichnet eine Strategie den Weg zum wirtschaftlichen Erfolg eines Unternehmens. Demzufolge sollte eine Portalstrategie eine langfristige Wegbeschreibung darstellen, die als Wegweiser, Orientierungshilfe und gleichzeitig Messlatte für den Erfolg des Portalprojektes dienlich ist. Dabei basiert eine wertgenerierende Strategie stets auf der Berücksichtigung marktbezogener (externer) und ressourcenbezogener (interner) Faktoren. (vgl. F.Keuper,2004)

Wichtig ist hervorzuheben , dass bei einer funktionalen Lösung und einem gleichzeitig angestrebten horizontalen Unternehmensportal die Portalstrategie stets bei der Festlegung des Migrationspfades den Weg über ein funktionales bzw. „Thin Portal" bzw. einer Mischform aus beiden vorsehen sollte. So setzt ein multifunktionales horizontales Unternehmensportal bereits eine gewisse Evolution der Systeme im gesamten Unternehmen voraus, was in Abbildung 4 verdeutlicht wird. Ein direkter Weg von funktionalen Lösungen hin zu einem horizontalen Unternehmensportal wird mit großer Wahrscheinlichkeit an den Kosten, unzureichender IT-Infrastrukturen, aber auch organisatorischen und kulturellen Hürden – wie mangelnde Akzeptanz bei Mitarbeitern und Managern, fehlende funktionsübergreifende Kooperation oder unklare Verantwortlichkeiten –scheitern. Insofern sind etablierte funktionsbezogene Portale, die einen hohen Integrationsgrad und eine geringe Anwenderzahl aufweisen oder „Thon Portals" mit einem geringen Integrationsgrad und einer hohen Anwenderzahl (Intranet) die notwendige Vorbedingung zur Schaffung eines durchgängigen, horizontalen Unternehmensportals (F. Keuper, 2003 S.57)

2.1. Externe Sichtweise

Zunächst ist der Umfang des angestrebten Unternehmensportals zu bestimmen, was eine Analyse der Branche in der das Unternehmen tätig ist, erfordert. Bei der Planung eines „optimalen" Umfangs eines Unternehmensportals lässt sich dieser zunächst auf den Grad der Komplexität und den organisatorischen Umfang der Portallösung reduzieren. (F. Keuper, 2003 S.59)

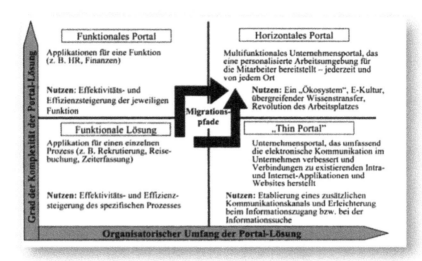

Abbildung 4: Bestimmung des optimalen Umfangs einer Portal-Lösung
Quelle: (F. Keuper 2003)

2.2. Interne Sichtweise

Nachdem zur Festlegung der Portalstrategie die Frage der Marktkomplexität und der daraus generell erforderlichen strukturellen Komplexität des Unternehmens und damit des Unternehmensportals geklärt wurde, gilt es den Blick verstärkt auf das jeweilige Unternehmen und dessen individuelle Spezifika zu richten. So ist jedes Unternehmen hinsichtlich seiner Organisationsstruktur, IT-Landschaft und Unternehmenskultur einzigartig. Dementsprechend resultiert die Portalstrategie stets aus individuellen Gegebenheiten, was die Entscheidungsträger für ein Portalprojekt bzw. für eine allgemeingültige Portalstrategie sowie die Ausgestaltung der Strategie anbelangt. (vgl.F. Keuper, 2003 S.59)

2.3. Integration in bestehende IT- Architekturen

Nachdem die Strategie festgelegt ist muss eine gemeinsame Vision und Ziele definiert werden. Damit sind die Eckpunkte eines Projektes festgelegt. Damit alle Beteiligten wissen was im Folgenden zu tun ist, fehlt wie bei einem Hausbau noch eine Architektur, die eine abstrakte Vorstellung dessen vermittelt was Gegenstand des Projektes sein soll. Diese Projektarchitektur ist der Bauplan der benötigt wird um die Anforderungen an das Projekt in konkrete Arbeitsschritte zu transformieren. Die Ziele sind zum einen die Dokumentation der Vorgehensweise um den Beteiligten eine Verbesserung des geleisteten Beitrages zu ermöglichen. Zum anderen soll die Effektivität und die Effizienz durch die Unterteilung in Teilprojekte, Anschauliche Strukturen und nachvollziehbare Entscheidungen gesteigert werden. (vgl. Grasl, 2004,S)

3. Fallbeispiel ZF Friedrichshafen AG

3.1. Das Unternehmen

Die ZF Friedrichshafen AG ist ein weltweit führender Automobilzulieferkonzern in der Antriebs-und Fahrwerktechnik an 125 Standorten in 26 Ländern. ZF beschäftigt rund 61.000 Mitarbeiter, davon etwa 24.000 im Ausland. Die ZF erzielte im Jahr 2008 einen Umsatz von 12.501 Mio. Euro, womit sie in der Weltrangliste der Automobilzulieferer unter den 15 größten Unternehmen ist. (vgl. Geschäftsbericht ZF Friedrichshafen 2008)

3.2. IT Vision und Strategie

Auf die Entwicklungen der Portaltechnologie reagierte das Unternehmen bereits sehr früh (Siehe Abbildung 5).

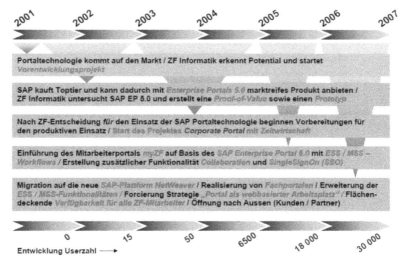

Abbildung 5: Entwicklung der Portaltechnologie in der ZF

Quelle: Kongressvortag IAA T.Möllers 2008

Im Jahr 2002 wurde in der ZF Friedrichshafen ein neues IT-Strategiemodell der Fa. Diebold eingeführt auf welcher die ZF IT Strategie definiert wurde. Diese wird jährlich in einem Strategieprozess überrollt. Eine systematische Ableitung der ZF Portalstrategie erfolgte nicht durch die ZF IT Strategie sondern erfolgte in den Jahren 2002-2005 evolutionär(vgl. T.Möllers,2008)

Abbildung 6: ZF IT Strategiemodell
Quelle: Kongressvortrag T.Möllers Portal- und Collaborationsstrategie 2008

3.3. Metamodell und IT-Architektur Corporate Portal

Das Metamodell bezieht sich auf das Corporate Portal im Zentrum welches die Zielgruppen der Mitarbeiter, der Kunden, den Zulieferern und dem Intranet/ Internet beinhaltet. Aus der unteren Ebene kommen die im Einsatz befindlichen IT-Anwendungen.

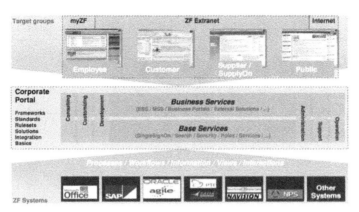

Abbildung 7: ZF IT Metamodell

Quelle: Kongressvortrag T.Möllers Portal- und Collaborationsstrategie 2008

Die Verankerung des Corporate Portals in die bestehende IT-Architektur bezieht sich
auf die Unternehmensorganisation mit seinen Unternehmenszielen, die vorhandenen
Geschäftsprozesse, die bestehende IT-Strategie und dem vorhandenen IT-Portfolio. Die
Lösung verfolgt den Ansatz des Enterprise Content Mangements welcher das
Collaborations Portal einschließt.

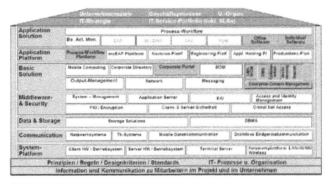

Abbildung 8: ZF IT Architektur

Quelle Kongressvortrag T.Möllers Portal-und Collaborationsstrtategie

Im Rahmen der regelmäßigen Strategieüberrollung müssen die Kunden- und
Systemanforderungen in Bezug auf Integrationsszenarien geprüft und notwendige
Komponenten durch die entsprechenden Gremien freigegeben oder auch aus der
Strategie entfernt werden(vgl. T.Möllers,2008).

3.4. SAP, Microsoft und Oracle bei ZF

Um eine optimale Kundenunterstützung realisieren zu können, müssen die drei wichtigsten ZF-Anwendungs- und Systemwelten sinnvoll integriert werden. Daher fokussiert die Corporate Portal Strategie sowohl die SAP NetWeaver, die Microsoft.NET-Landschaft wie auch die Oracle-Landschaft (vgl.T.Möllers,2008).

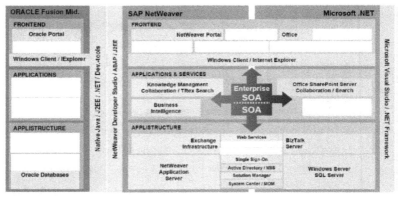

Abbildung 9: Einsatz der benötigten Primärsoftware
Quelle: Kongressvortrag T.Möllers 2008

Dies bedeutet, dass die Schnittstellen der Systemlandschaften aufeinander abgestimmt sein müssen. Hierfür müssen Spezialisten und zusätzliche Ressourcen für den Support zur Verfügung gestellt werden.

3.5. Gründe für den Portaleinsatz

Das Portal bietet eine personalisierte Arbeitsoberfläche und erleichtert das Auffinden von Informationen. Dies geschieht durch die Integration von Anwendungs-und Informationsplattformen welche übergreifende Suchmechanismen zur Verfügung stellen. Die Automatisierung von Prozessen leistet einen wesentlichen Beitrag zur Produktivitätssteigerung die durch Abbildung, Automatisierung und Digitalisierung von Prozessen einhergeht. Um Lösungen standortübergreifend und in gemeinsamen Teams nutzen zu können ermöglicht das Portal die Plattform zur unternehmensweiten bzw. übergreifenden Prozessabbildung. Die personalisierte Verknüpfung von Anwendungen, Prozessen und Informationen erleichtert dem User den Überblick. Das Portal ermöglicht dem Nutzer Anwendungen und Prozesse leicht zu bedienen und zu erlernen(vgl. T.Möllers,2008).

3.6. Anwendungsarchitektur

Die in der ZF definierte Portal-Integrationsschicht umfasst in der Anwendungsarchitektur die „People-Integration". Sie stellt eine generische Abstraktionsschicht über den Anwendungs- und Systemwelten dar und integriert diese auf Collaboration-Information- und Prozessebene. Die Portaltechnologie ermöglicht zudem eine SOA[2]-konforme Abbildung von UI[3]- und Prozess-Services.

3.7. Integrationsstufen von Anwendungen

Bei der Anwendungsintegration (siehe Abbildung 10)wurde zwischen der einfachen Integration und der tiefen Integration unterschieden. Die einfache Navigation hat zwar den Vorteil des SingleSignOn jedoch die Nachteile keiner durchgängigen Navigation, keinem durchgängigen Design. Auch besteht weder die Möglichkeit der Prozessintegration und der internen Kommunikation.

---

[2] Service-Orientierte Architektur

[3] User Interface

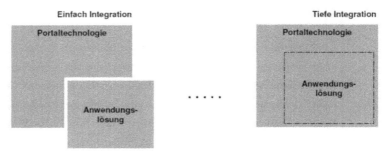

Abbildung 10: Einfache und tiefe Integration
Quelle: Kongressvortrag T.Möllers, 2008

Im Gegensatz zu der einfachen Integration hat die tiefe Integration die Vorteile des SingleSignOn, einer durchgängigen Navigation und Design bei voller Prozessintegration mit dem Nachteil der Gebundenheit an die Portalplattform.

3.8. Kriterien zur Identifizierung von potenzielle Portallösungen

Für die Generierung einer potentiellen Portallösung wurden mehrere Bedingungen in Betracht gezogen. Hierfür wurden vier wichtige Aspekte festgelegt welche in einem Entscheidungsprozess den Ausschlag für die Entscheidung geben (vgl. T.Möllers,2008).

3.8.1 Intuitives Userinterface

Die Lösung muss eine Personalisierung in Form rollenbasierten Inhalten haben, eine verschlüsselte Kommunikation gewährleisten, weltweit über eine einheitliche Webanwendung verfügbar sein und eine einfache Dokumentenverwaltung ermöglichen (vgl. T.Möllers,2008).

3.8.2 Benutzergruppenorientiert

Die Lösung muss spezifische Benutzergruppen ansprechen und hierbei eine zentrale Benutzer- und Rechteverwaltung, eine Selbstverwaltung und einen Zugriff von Extern ermöglichen (vgl. T.Möllers,2008).

3.8.3 Prozessorientierter Ansatz

Bei der Lösung wird eine ständige Prozessoptimierung gefordert, wobei eine transparente Verknüpfung von ZF Systemen und deren Workflows gewährleistet sein muss. Die Prozessdigitalisierung und die konsolidierte Benutzerschnittstelle müssen soweit als möglich realisiert sein (vgl. T.Möllers,2008).

3.8.4 Portierbarkeit

Die Standards, die technische Zentralisierung und die lokalen Komponenten (Federatet Content) sollen auf andere Standorte portierbar sein (vgl. T.Möllers,2008).

3.8.5 Anforderungen an den Support

Für die maximale Erreichbarkeit der Portallösung sind die Unterstützungsprozesse ausschlaggebend. Gefordert ist eine performante weltweite Verfügbarkeit des Systems. Hierbei spielt der Support eine sehr große Rolle. Hier wurde zwischen Anwendungsbetreuung (Application Integration) und Basisbetreuung (Support Center Application) unterschieden (Siehe Abbildung 11).

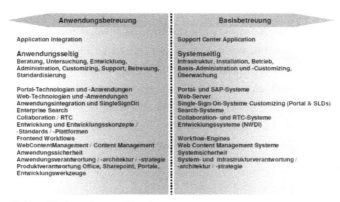

Abbildung 11: Anwendungs-und Basisbetreuung
Quelle: Kongressvortrag T.Möllers 2008

Die Benutzeranfragen werden, unterteilt in drei Suportlevels über den zentralen Benutzerservice ISDH, an die entsprechenden Supportbereiche weitergeleitet. Hierbei

werden Level 1 Anfragen weltweit direkt durch den ISDH gelöst und alle weiteren an
die betreffenden Supportbereiche geleitet (Siehe Abbildung 12).

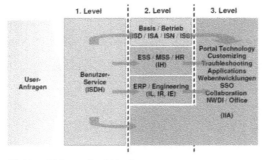

Abbildung 12:Supportlevel 1 bis 3
Quelle:Kongressvortrag T.Möllers 2008

Hierbei müssen alle Mitarbeiter Know-How im Bereich Sharepoint Funktionalität
aufweisen. Des Weiteren müssen die Mitarbeiter des First Level Zuständigkeitsbereiche
wissen und anwenden um Problemtickets an die richtige Supportgruppe zu leiten. Der
Second Level muss alle Fragen und Probleme die durch den First Level nicht gelöst
wurden bearbeiten (vgl. T.Möllers,2008).

3.8.6 Kommunikation der Portalstrategie

Um die gefundene Portalstrategie zu kommunizieren wurde eine Roadmap[4] (Siehe
Abbildung 13) erstellt welche die nächsten Meilensteine einschließt. Diese wurde dann
in einer sogenannten Roadshow (Showtruck) an verschiedenen Konzernstandorten
präsentiert. Inhalte dieser Präsentation sind unter anderem die Corporate Portal
Strategie, die Colloboration, Informationen zur MS Office 2007 Einführung und das
Extranetportal. Des weiteren wurde die Strategie im Intranet „ZF-World" und durch die
Erstellung eines Webcast's der Belegschaft vorgestellt.

---

[4] Projektablaufplan mit den Meilensteinen

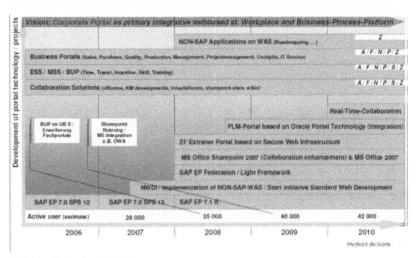

Abbildung 13: Roadmap bis 2010
Quelle: Kongressvortrag T.Möllers 2008

3.8.7 Beispiele aus der Umsetzung

Die Anmeldung in das Portal My ZF erfolgt durch eine Maske im MS Internetexplorer (Siehe Abbildung 14). Die individuell durch den Benutzer gestaltbare Startseite hat die Unterbereiche Start, Arbeit, ZF&Ich, Dienste und ZF-World.

Abbildung 14: Fenster zur Anmeldung
Quelle: Screenshot Intranet https://myzf.zf-world.com Zugriffsdatum 05.06.2009

Über den Einstiegspunkt werden dem Benutzer bereits Rollen zugewiesen, d.h. der Benutzer aus dem Fertigungsbereich hat nur Rechte auf die Daten aus seinem Bereich. Der Kontakt zu seinem Vorgesetzten und der Personalabteilung im Falle der

Zeitwirtschaft betreffend Stempelzeiten und Urlaubsanträgen erfolgt ebenfalls über das Portal. Urlaubsanträge oder Überstundenanträge werden im Portal eingetragen und werden durch Freigabe seines Vorgesetzten genehmigt und der Personalabteilung weitergeleitet (Siehe Abbildung 15).

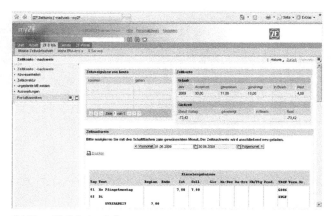

Abbildung 15: Zeitwirtschaft
Quelle: Screenshot Intranet https://myzf.zf-world.com Zugriffsdatum 05.06.2009

Informationen zu Kennzahlen stehen nur den Benutzern zur Verfügung welche diese Rechte verfügen. Über diesen Punkt können standardisierte Informationen zu wichtigen Kenngrößen aufgerufen werden (Siehe Abbildung 16).

Abbildung 16: Kennzalencockpit
Quelle: Screenshot Intranet https://myzf.zf-world.com Zugriffsdatum 05.06.2009

Ebenso sind alle Dokumente über den SAP EasyDokumentservice abgelegt um im Beispiel des Qualitätsmanagements auf wichtige Qualitätskennzahlen und den dafür

notwendigen Maßnahmenplänen zugreifen zu können (Siehe Abbildung 17). Die
Abarbeitung der Maßnahmen erfolgt ebenfalls Rollenbasiert wobei Maßnahmen erstellt
und Benutzern zugeteilt werden können. Führungskräfte haben die Möglichkeit über
den Stand der Maßnahmen Überblick zu erhalten.

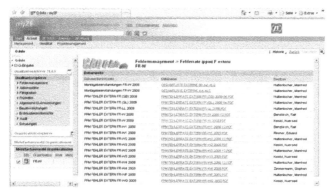

Abbildung 17: Fehlermanagement Q-Info
Quelle: Screenshot Intranet https://myzf.zf-world.com Zugriffsdatum 05.06.2009

3.9   Einbindung von Web 2.0 Elementen

Web2.0 Elemente sind meiner Meinung nach nur mit Unterstützung durch Schulungen
der Mitarbeiter erfolgreich einzuführen. Es gibt die Möglichkeit des Einsatzes von
Blogs, wobei hier darauf zu achten ist einen Wildwuchs zu vermeiden. Erwünscht im
Sinne von Projektarbeit sind Projektblogs an denen Zulieferer, Marktpartnern und
Internen Bereichen gemeinsam arbeiten können. Diskussionsforen stehen als das SAP
Produkt und die Sharepointlösung von Microsoft zur Verfügung. Derzeit wird über das
SAP Portal das JiveForum eingesetzt. Bei den Umfragen steht ebenfalls SAP oder
Sharepoint zur Verfügung. Hier wird die QuickPoll Umfrage des SAP Produktes
eingesetzt. Diese Elemente werden derzeit nur in geringem Umfang genutzt, da noch
nicht alle Mitarbeiter zu diesem Thema sensibilisiert sind.

4. Fazit

Letztendlich hat sich meine Meinung bestätigt, dass Unternehmensportale von höchster Wichtigkeit sind und einen hohen Beitrag zur Effizienz eines Unternehmens beitragen können. Unabdingbar ist jedoch die Einbindung der Mitarbeiter in die neue Arbeitsumgebung, da ein Portal meistens auch die Änderung der Arbeitsweise und der Ablaufprozesse beeinflusst. Meiner Erfahrung nach wird das in meinem Unternehmen eingeführte Portal nur sehr gering ausgeschöpft. Abteilungseigene Share's, Dokumentenablagen und „Mini-Portale" untergraben die neu eingeführte Infrastruktur. Hier ist es unabdingbar eine durchdachte Portalstrategie, kombiniert mit einem ausgefeilten Projektablaufplan zu erstellen und das Portal bis auf die unterste Ebene zu publizieren. Das Unternehmensportal sollte nicht für die Führungsebene vorbehalten sein sondern alle Prozessebenen und die Kunden einbeziehen.

Literaturverzeichnis

Grasl Oliver , Rohr Jürgen, Grasl Thomas (2004); Prozessorientiertes Projektmanagement; Modelle, Methoden und Werkzeuge zur Steuerung von IT-Projekten, 1. Auflage. München: Carl Hanser Verlag

Bauer, H. (2001); Unternehmensportale – Geschäftsmodelle; Design, Technologien Bonn: Galileo Business Verlag.

Rütschlin, J. (2001); Informatik 2001: Wirtschaft und Wissenschaft in der Network Economy - Visionen und Wirklichkeit. Tagungsband der GI/OCG-Jahrestagung, 25.-28. September 2001, Universität Wien.

http://mediaproducts.gartner.com/gc/reprints/ibm/external/article12/article12.html (Zugriff am 06.06.2009)

Keuper, Frank Hrsg.(2003) ;E-Business, M-Business und T-Business, Digitale Erlebniswelten aus Sicht von Consulting Unternehmen, 1. Auflage. Wiesbaden: Gabler Verlag

Christ, Oliver (2003) ;Content Management in der Praxis, Erfolgreicher Aufbau und Betrieb unternehmensweiter Portale, 1. Auflage. Berlin: Springer Verlag

Martina Großmann, Holger Koschek (2005); Unternehmensportale , Grundlagen, Architekturen, Technologien Ausgabe, Berlin: Springer Verlag

T.Möllers (2008) Kongressvortrag IAA 2008

Puschmann, Thomas (2004); Prozessportale, Architektur zur Vernetzung mit Kunden und Lieferanten, Berlin: Springer Verlag

www.ingramcontent.com/pod-product-compliance
Lightning Source LLC
LaVergne TN
LVHW042311060326
832902LV00009B/1412

* 9 7 8 3 6 5 6 1 6 6 8 2 5 *